*Lig don nGiorria Suí*
# LET THE HARE SIT

First published in 2022 by
The Dedalus Press
13 Moyclare Road
Baldoyle
Dublin D13 K1C2
Ireland

www.**dedaluspress**.com

ISBN 978-1-915629-05-0 (paperback)
ISBN 978-1-915629-04-3 (hardback)

Dedalus Press titles are available in Ireland
from Argosy Books (www.argosybooks.ie) and in the UK
from Inpress Books (www.inpressbooks.co.uk)

Cover image: *The Edge of That Water,* 80 x 100 cm, oil on canvas,
by Margo Banks *(www.margobanks.com)*
by kind permission of the artist.

The Dedalus Press receives financial assistance from
The Arts Council / An Chomhairle Ealaíon.

*Lig don nGiorria Suí*

# LET THE HARE SIT

Ceaití Ní Bheildiúin

With translations from the Irish by
PADDY BUSHE

DEDALUS PRESS

## ACKNOWLEDGEMENTS

Acknowledgement is made to Coiscéim in appreciation of the four volumes of Irish-language poetry from which the selection here, excepting one poem, has been drawn.

Acknowledgement is made to Dedalus Press for the publication of the poem 'Gúna mo Mháthar' / 'My Mother's Dress', which appeared in the anthology *Local Wonders: Poems of Our Immediate Surrounds,* 2021.

Thanks is due to the various editors and publishers of anthologies, magazines and periodicals, online and in print, in which individual Irish-language poems from this current selection appeared.

The author is indebted to Pat Boran for his initiative in commissioning this bilingual volume. She also expresses a special gratitude to the translator Paddy Bushe, who responded self-effacingly and with dedication to the original poems.

# Contents

⁓

### III – ***Bláthaíonn Briathra* / A Ripening of Words**

# Preface

Ceaití Ní Bheildiúin is one of the very best of a younger generation of poets who are energizing the Irish language with their stylistic assurance and their wildly inventive flair. Her poems are subtle, sensuous, surprising; effortlessly sonorous and yet plainspoken, they bring the common phrase to an acute pitch of delight.

Her intimate touch with nature, with the green spirit of the locale, gives these poems a marvellous clarity, a rapt contemplation. She is acutely aware of the richly layered landscape around her in West Kerry, and in these deep crevices of time she seeks the past to better understand the present.

Her recent poems, and especially her *Agallamh sa Cheo* volume, are visionary meditations, meeting places where the inner being can commune with the outer world with an uncanny charm. In these exquisitely tuned lyrics she brings us to a place that is both real and imagined; a lost domain, fabulous and yet strangely familiar.

In this volume she is generously abetted by Paddy Bushe, one of our foremost translators of poetry from Irish into English. He is always a resourceful mediator between these two languages, and these new translations are a masterly achievement, bringing the Gaelic poet's freshness and immediacy over into English with the closest equivalence possible.

This is an essential volume, a book that gives substance and scope to one of the most expressive voices in Gaelic poetry today.

—Cathal Ó Searcaigh

# I

*Éiríonn na Guthanna*

# I

*Opening Voices*

# An Dán Deireanach

*do Billy*

Dá gcuirfimis cluas
le héisteacht orainn féinig
chloisfimis an dán deireanach
ina amhrán

ag canadh anam an domhain
chun beochana aríst.
D'aimseoimis an port
is a mhacalla

i ndordán na mbeach,
i siosarnach na nduilleog,
i mbéalscaoilteacht abhann.
Thiocfadh glaoch an choiligh

d'ár ndúiseacht
chun siúl cosnochta
lá samhraidh –
tarrac na gcloch taibhsiúil

thíos fúinn,
ar nós cosán ársa
na mBundúchasach
san Astráil.

I ngach cloch
bíonn cuimhne, bíodh sé
ina nath nó ina rann.
Cuir cloch ar dhá chloch,

# The Last Poem

*for Billy*

Were we both
to listen carefully
we would hear the last poem
as a song

singing the world's soul
to life again.
We would make out the tune
and its echo

in the resonance of bees,
in the tittle-tattle of leaves,
in the loose talk of rivers.
Cockcrow would arrive

to waken us
to walk barefoot
through a summer's day –
enthralled by ghostly stones

below us,
like the old songlines
of the first people
in Australia.

In every stone
memory inheres, let it be
a saying or a verse.
Place a stone on two stones,

dhá chloch ar chloch,
is beidh falla
ina dhán faoi stiúir ár lámh.
Ligfimid don bhfalla

cuaradh is casadh
mar shruth ar an gcnoc,
nó ní haon dán díreach é
an dán deireanach.

two stones on one,
and a wall
will be a poem under our hands.
We will let the wall

twist and turn
like a stream on the hill,
for the last poem of all
baulks at all pattern.

## Glaoch na Caillí

’Sí an uain féin í:
an ghaoth
ag réabadh ceann an tí,
ag gíoscán ar gheata críonna,
ag glaoch anuas an simné.

’Sí m’eagla í i gcolainn dhaonna
ag bualadh isteach chugam anocht
gan choinne,
feis na hoíche á lorg aici
is í gléasta mar chara leath-liom.

Cránn sí mé
go dtí an láchan
nuair a theitheann sí
ar dearglasadh.

Scaoil amach mé ina diaidh,
amach ó bhraighdeanas mo chraicinn,
ó mo chloigeann iarainn,
nó go bhfuil fiántas ionam
a shantaíonn an t-imeall,
an t-anfa, an t-athrú.

Tá smúsach ag smúrthaíl i mo chnámha
a athdhúisíonn eisint na hóige
i mo bheo,
a chuireann deireadh
le stolpacht an gheimhridh,
a athmhúsclaíonn mo rosc rinnghéar.

# The Cailleach Calls

She knows her time:
the wind
buffeting the roof,
squealing through an old gate,
crying down the chimney.

She is my fear embodied
calling in to me tonight
unexpectedly,
seeking company for the night
in the guise of a sort of friend.

She torments me
until daybreak
when she's gone
like a thunderbolt.

Let me away after her,
away from my confining skin,
from my iron-bound head,
because there is a wildness in me
that craves the margin,
the tempest, the transformation.

There is sap coursing through my bones
that rejuvenates the core
of my being,
that proclaims an end
to the sclerosis of winter
that again edges my vision.

# Raghadsa ag Siúl ar an gCnoc

Sníodh le mil
clocha an tseantí seo
ina sheasaim.
Faighim fothain ann
faoi Chnoc Bhréanainn.
Ach táim corrthónach.
Raghadsa ag siúl ar an gcnoc.

Caithfead siúl
go n-osclóidh an spéir
ag ceadú do ghathanna gréine
oibriú orm.
Caithfead ligint do gheoin
is d'fhuadar na mbeach
cruinniú im thimpeall.
Caithfead dul i bhfolach
is luí le leigheas na meala.
Raghadsa ag siúl ar an gcnoc.

Snámhann spiorad na manach
os mo chionn
ar chosán faoi cheo.
Crochann siad leo
rúin an tsaoil fadó
faoina a n-aibídí.
Raghadsa ag siúl ar an gcnoc.

Má luím ag éisteacht
bíonn a scéalta le clos
i mbréithre na mbeach,
i seoithín na gaoithe,
i gclochdhíseart Bhréanainn.
Mo chluasa ar bior,
Raghadsa ag siúl ar an gcnoc.

# I Will Repair to the Mountain

They were coursed with honey,
the stones of this old house
in which I stand.
I am sheltered here
in the lee of Mount Brandon.
But a restlessness grips me.
I will repair to the mountain.

I must walk
that the sky may open
and give space to sunbeams
to work on me.
I must allow the hum
and hurry of bees
gather around me.
I must ease myself into hiding
and lie in the healing of honey.
I will repair to the mountain.

A presence of monks glides
above me
along a fogbound path.
They bear with them
the mysteries of the past
in their robes.
I will repair to the mountain.

If I lie down to listen
its stories can be heard
in the utterance of bees,
in the swish of the wind,
in Brendan's stony hermitage.
All eyes, all ears,
I will repair to the mountain.

# II

## *Guthanna ar an gCnoc*

# II

*Voices on Mount Brandon*

# Lig don nGiorria Suí

Mall Mall Níos moille I maothas méith na háite
Agus stad Socair Gan bhraon a shileadh ó
Chrúiscín do chroí Atá lán d'fhómhar éadrom
De do bhraistintí Agus suigh I dtost naofa do thurasa
I bhfianaise do thaithí Tú lán d'iomas cáite

## Let the Hare Sit

Slow     Slow     Still slower     In the rich humidity of place
And stop     Dead still     Without spilling a drop
From the jug of your heart     Now airily brimming
With your harvested perceptions     And sit     In the holy silence
    of your journey
In the presence of what you know     Infused with swirling intuition

# An tSeanbhean agus an Cnoc

A Chnoic ionúin, conas a fhreagraíonn
do cholainn chnagaosta
don aos óg a phramsálann ar do ghualainn
iad lán de scléip is de scóip
chomh haclaí le mionnán?
An leánn a n-áilleacht
a solúbthacht, a steip éadrom, do chroí?

Mo chosa, a thug grá dod chré
i bpocléimeanna thar do shleasa tráth
ar nós cosa an phiscín ar thóir gach a bhog,
féach anois iad ataithe rua is éagruthach
ag cur amach préamhacha
a shníonn síos tríd an urlár, síos
i gcomhshnaidhm le máithreacha an tí.

I mo thigín 'féachaint aníos ort,
dingnithe cois tinteáin gan splanc ann,
mo ghort imithe chun drise is deilge,
tá mo shuí righin docht dolúbtha
gan rogha agam ach suí
gan aon chinnteacht agam
an desna beoibh nó desna mairbh mé.
Mise rófhada cruaite. A Chnoic,
an righnigh tusa fós nó conas 'tá do chroí?

# The Old Woman and the Mountain

Brandon, my love, what on earth
does your time-worn body make
of the young cavorting on your shoulders,
high on endless exhilaration
and acrobatic as kid goats?
Does their beauty, their agility
and their light step thaw your heart?

My feet, that loved your clay
and once pranced across your flanks
like a kitten's paws after anything that stirred,
see how red and swollen out of shape
they are now, sending out roots
that probe down through the floor
and weave around ancestral foundations.

Looking up at you from my house,
trapped beside an unlit hearth,
my small field choked with briars,
I sit unmoving, stiff and rigid
with no choice but to sit
without any certainty
whether I am of the living or of the dead.
I am too long hardened. Brandon,
have you hardened? And your heart?

# Tar agus Tóg

Má tá cosaint uait, tar
i dtreo mo shleasa is mo dhúnta;
má tá beannacht uait, tar
chun mo thoibreacha beo;
má tá ort dul i bhfolach, tar
faoi ionarbhréid mo cheo.

Fearaim fáilte roimh ghlaine croí
roimh aigne leathan oscailte.
Altaím taithí nua, cuairteoirí nua,
an laoch is an lag.
Tar ón Afraic is ón Úcráin
ón tSiria, ón Eiritré, ón Afganastáin
nó tar ar thuras ó Veiniséala.

Tá scóip anseo ar mo sciortaí
togha is rogha de thithe:
tithe móra an Tíogair Cheiltigh
tithe chomh mór le hóstáin
tithe móra na gcroíthe móra
tithe beaga fáilteacha
tithe lán ach slí i gcónaí
do dhuine breise iontu

tithe samhlaithe, tithe samhraidh
tithe folmha, tithe ullmha
tithe tréigthe, tithe titithe
tithe tinteáin, tithe le ceol is brí
tithe an dua, tithe na Sí.

# Approach and Accept

If you would have protection, approach
my flanks and my fortresses;
if you would have blessings, approach
the living source of my wells;
if you have need of concealment, approach me
veiled under my misty cloak.

I tender welcome to pure hearts,
to broad and open minds.
I give thanks for new customs, new guests,
the valiant and the vulnerable.
Approach from Africa and Ukraine,
from Syria, from Eritrea, from Afghanistan
or make a voyage from Venezuela.

My skirts spread wide enough here
for the very best of housing:
the affluent houses of the Celtic Tiger
houses as big as hotels
expansive bighearted houses
small welcoming houses
full houses that have always
room for just one more

surreal houses, summer houses
vacant houses, vacuumed houses
forsaken houses, forlorn houses
hearthstoned houses, high jinks houses
hardship houses, haunted houses.

Tar thar lear, thar tairseach chugam –
tá láithreacha agam
is fothain anseo do phobal.
Tar isteach i mo bharróg. Tar agus tóg.

Approach from overseas, across my foothills –
I have places within me
to shelter a community.
Approach and embrace. Approach and accept.

## An Bóthar Glas

Ina phaca
is éadrom é,
ar mo dhroim. Is sleamhnaím
ar nós slimide búirc lena shliogán
sú na luibheanna á mblaiseadh agam

ar mo shlí
gan rian airgid
i mo choiscéim, faic ach lúcháir
is mé ar mo thuras trí mo thodhchaí
ar an mbóthar glas.

Saol nua
tosnaithe agam
mo thobthig ceannaithe
a mháthairchlocha ceangailte fadó
go doimhin im inchinn.

# The Green Road

In its stuff-sack
it is no weight
on my back. And I glide
like a snail with its shell
sampling the plant juices

on my travels,
leaving no silver trail
with my footsteps, nothing but joy
as I make my way through my future
on the green road.

A new life
is what I've begun,
my pop-up home secured,
its foundation stones long anchored
deep in my mind.

# Loch Cruite

Giodamaíocht na n-iascán
ar shíoda an locha.
Beag eile a bhogann sa ló.

Crioslach samhlaoidí thíos,
mo bheo gan chnámh,
an duibheagán gan bhun.

Ciseán scáileanna,
carraigeacha ómra
frithchaite ina ribíní fúm.

Scódaíocht an uisce
is scáth mór de chros
ar foluain ann.

Ardaím mo cheann
go gcím géarthitim na habhann
is carraigeacha mar lámha

ar an dá thaobh di sínte. Beannaithe
dealaím liom ón ula uisciúil
ullamh chun An Paidrín a dhreapadh.

*An Paidrín: sraith lochán ar chosán dreaptha, Cnoc Bhréanainn*

# Pilgrimage Station, Loch Cruite

A rippling of minnows
on the silk of the lake.
Little else stirring.

A circling of images below,
my being insubstantial,
the abyss infinite.

A basketwork of shadows,
amber rocks
reflected ribbon-like.

The water gallivanting
around the floating reflection
of a tall cross.

I raise my head
see the plunge of the stream
and the arms of rocks stretched

open on either side. Blessed
I depart this watery station
ready to ascend The Rosary.


*The Rosary: a string of paternoster lakes along a path on Brandon*

# Neart

Beirimid linn ár bpaidrín
nó peatachloch, len é a mhéarú thíos
sa phóca, dordán inár n-inchinn
a deir linn, greim a fháilt, greim
a choimeád is ligean dúinn féin cneasú.
Mantra éadrom, is lá
nó seachtain nó bliain á ceannach
do cibé duine a bhfuil sé ag dul dó
gan é bheith riamh ar ár gcumas
é a bhronnadh. Dreapaimid
scór againn mar aon, is buaimid.
Dreapaimid is caillimid. Dreapaimid
is dreapaimid.

# Strength

We bring our rosary beads
or worry-stone to finger deep
in our pockets, a resonance in the brain
telling us to take hold, to keep
hold and allow ourselves heal.
An uplifting mantra, and a day
or a week or a year of redemption
for whosever name we put on it
without ever having the power
to bestow it. We ascend,
twenty of us as one, and we succeed.
We ascend and we fail. We ascend
and ascend.

# Bántost

Bántost ar an bhfaill
go mbogann an t-aer
faoi sciathán a éiríonn ón bhféar.
Dathaíonn an naoscach an ciúnas.

'S mo chluasa ag iascach
as íochtar na báine
taibhsíonn méil uain tríd an mbrádán.
Dealraíonn an féithchiúnas an fhaí.

Éistím le ribíniú is le hath-thiubhú an cheoigh
corramhíola ag innilt ar mo ghrua.
Beag beann ar bhalbhú an lae
cúplálann cuileanna rua ar leaba chaorach.

# White Silence

A white quietude drapes the cliff
until the air is stirred
by wings rising from the grass.
A snipe lends colour to the silence.

As my ears trawl
the depths of the whiteness
a lamb bleats through the mist.
A silent pulse gives shape to the cry.

I hear the fog stream and thicken again
as midges nibble at my cheek.
Oblivious to the muting of the day
russet flies copulate in a sheep's fleece.

# Com an Lochaigh

Áit chailleach-lom san aimsir ghlas í seo.
Carraigeacha mantacha. Faillteacha.
Portach. Log gúistithe i gcruth coire
a phuthaíleann ceobhrán os mo chionn.

Sna díoganna fúm, soiprithe le chéile
go smugairleach, luíonn sceith dhorcha
na loscann ina mbrat is ina míle brat.
Mo theacht taibhsithe d'fhrog odhar

tumann sé lomdíreach trína hubháin.
Buaileann mo spág le conablach ar bhruach
díoga, scannán scimeach teann thar a bholg,
na huibhe dubha fágtha gan toirchiú.

Deinim iniúchadh linbh ar an marbhneach
feannta neamhcheannaithe. Tuairimím
gur anso níos luaithe a thug
corr éisc na foighne rang diosctha dá hál.

# Com an Lochaigh

It's gaunt as a *cailleach* in hard weather.
Rocks like fangs. Precipices.
A bog. A hollow scraped into a cauldron
that belches mist above me.

In the ditches below, nestling together
glutinously, the dark disgorgement
of frogspawn lies in fold upon fold.
As I loom over a mud-coloured frog

she plunges straight through the ova.
My foot jars on a skeleton on the bank
of a ditch, a filmy membrane tight on its belly,
the exposed black eggs unfertilised.

Like a child I investigate the skinned
headless carcass. I surmise
that here, earlier today, the patient
heron schooled its brood in dissection.

# An Saol is a Mháthair

An Oighear-Chailleach a choimprigh mé
a dh'iompair mé is a shuigh orm
ar nós circe ar a huibhe ar feadh
na milliún de bhlianta. Ise mo mháthair

is an Aeráid ina bean seoil aici.
An Aeráid a chomhdhlúthaigh mé
a leag anuas anso mé im fhosú ar m'fhosú
aithne aici orm ó bhonn go baithis.

Do ligh sí mé mar a lífeadh bó a gamhain
cráin a banbh, láir a searrach. Bhronn sí
boinéad bánchlúmhach orm is bearád lása
de shnáth mín seaca. Chniotáil sí

mo chéad chaipín dom as olann ceoigh.
Dhein sí portaireacht as mo ghol
is táim ar altramas aici go fóill.
Níl ionam, a deir sí, ach spás bán idir

críoch is an éigríoch. Níl ionam a deir sí
ach cró snáthaide trína gcriathraíonn sí
a cuid cumhachta. Níl ionam ach sreang
imleacáin trína ndáiltear cothú coirp
is ábhar machnaimh ar an saol.

# The World and its Mother

It was the Ice-Woman conceived me
bore and brooded me
like a hen with eggs for unfathomable
millions of years. She it was who

birthed me, with Climate as midwife.
It was Climate who consolidated me
who laid me here stratum upon stratum
familiar with me from top to toe.

She licked me as a cow licks her calf
a sow her *banbh*, a mare her foal. She gifted me
a downy white bonnet and a beret laced
with thread of fine frost. She knitted

my first cap from the wool of the fog.
She made melodies from my tears
and she is to this day my guardian.
I am, she says, but white space between

the end and endlessness. I am, she says,
the needle's eye through which she threads
her power. I am but the umbilical
cord which bears bodily sustenance
and nurture for meditation.

# Tuirlingt Bíse

Gach soiléiriú
neamhshoiléir.
Gach cinnteacht

neamhchinnte. Gach freagra
gan slí isteach ann
gan teorainn ina thimpeall.

Teilgthe i bhfotharaga
amach as tuirlingt bíse
as *megabit*eachas ár n-amáracha

lapadálaim ar throithe tuisleacha
trí fhairsingeacht bhog bhán
thar stuamacht an chnoic

thar mholl de bhlianta
ná raibh pollta riamh ag
crann dealgach an chraobhscaoilte

ar thalamh nach seasfadh
aon vaicsíniú
i gcoinne a hársaíochta féin.

Útamáil ag mo ghéaga
go mbuaileann siad le stair
is le réamhstair i gcló cloch

riochtaí a sholáthraíonn fós
fothain do chaoire. Ceadaigh
dom suí anso is corn ceobhráin

# Tailspin

Every clarification
obscured.
Every certitude

uncertain. Every answer
sealed tight
without parameters.

Immersed in fog
as I spiral downwards
from our megabit tomorrows

I pad on uncertain feet
through a soft white expanse
over the wisdom of the mountain

over the heaped years
not yet punctured
by a barbed communications tree

on ground that would not endure
any inoculation
against its own agelessness.

My limbs falter
until they encounter history
and prehistory shaped in stone

forms that still offer
shelter for sheep. Let me
sit here and draw on

a dhaingniú teann anuas orm
ina chlogad. Lig do mhiotas
neamhfhoclacha na háite

mo chluasa a phlúchadh.
Leomh dom tostadh –
samhlacha ar mo chosán

ina monabhar chomh duthain
leis an gceo a cheiliúrann
romham. D'fhéadfainn

an cosán a leanúint –
gach cosán go dtí a ghabhal
a imeall, a scórnach, a bhinn

ar aghaidh go dtí loch nó amach
sna firmimintí ar foluain.
Lig dom an bhroinn ama fúm

a fheá
gan fhios agam an comhartha
a leanfad. Fill orm

nuair a bheidh mo shiansa
soilsithe ag naoi dtráth gan lón
is mé ullamh

b'fhéidir ansin, labhairt leat
faoi cad in ainm Chroim
a scuab anso mé.

a horn of mist, tightening it
into a helmet. Allow the unspoken
myths of the surroundings

to overwhelm my ears.
Allow me to be silent –
images along my path

murmuring as fleetingly
as the mist that fades
before me. I could choose

to follow the path –
each path to its fork
its end, its throat, its flank

onwards to a lake or out
floating into the firmament.
Let me take soundings below me

in the womb of time
not knowing the sign
I will follow. Return to me

when my senses have been
illuminated by nine days' fasting
and I am ready

by then, perhaps, to speak with you
of what in the name of all gods
brought me to this place.

# Ablach den Míol a Bhí

Is cromán riabhach mé
mórsheisear cailleach i gcomhcheilg;
is ablach mé den míol a bhí
's mé fós i samhlaíocht an tsáile;
is laochra faoin bhfód mé
cnámha marbhghinte
deora caointe, scéalta inste, méileach.

Mise an uirlis trína séideann an ghaoth
ach tusa spionnadh na gaoithe
a laghdaíonn chun cogarnaíl ar m'éadan.
Deascann tú naofacht as uaigneas
misneach ó mo shliabh.
Tánn tú níos mó ná mé
mar go n-umhlaíonn tú romham.

Ní neach támh ná neach suthain mé.
Cé go bhfuil mo mhatáin clochtheann
is dúshraitheanna daingne fúm,
cleachtaim ióga sara
ndúisíonn an domhan ar maidin
is éirím ó mo mháthairchlocha, ábhairín.

Mo lioganna ar bior, so-bhogann
mo gheitirí, go n-aimsím tonnfhad
de chantain na cruinne.
I ngob na n-éan bíonn Ulurú
Machu Picchu, Kilimanjaro
Kun-Lun, Cnoic Dhubha na Sioux.

Éiríonn an fhuiseog ina réalt os mo chionn
Is ise a scolann mo scéala.

# The Mould of the Whale that Was

I am a hooded crow
seven earthwomen conspiring as one;
I am the mould of the whale I was
once in the briny dreamtime of the sea;
I am heroes underground
bones conceived in death
tears wept, stories told, a faint bleating.

I am the instrument through which the wind pipes
but you are the wind's verve
that fades to a whisper on my forehead.
You glean holiness from loneliness
courage from my mountain.
You are greater than me
because you offer me submission.

I am neither oblivious nor eternal.
Although my muscles are firm as stone
and layers of immovability lie beneath me,
I exert myself in meditation in that time before
the world wakens each morning
and rise a little from my maternal rock.

My nerves wide open, the tips of my tall
rushes flex until I find the wavelength
on which the world sings.
The throats of birds carry Uluru
Machu Picchu, Kilimanjaro
Kun-Lun, the Black Hills of the Sioux.

The lark rises like a star above me.
She is the one to fanfare my discovery.

# Cleasanna Droma Draíochta

Is iomaí uair
a thógas ceann den spéir
is í ag malartú solais
is imireacha leis an bhfarraige.

Is iomaí uair
a bhraitheas blosc toirní
nó scrabha de chiflí sneachta
i ngaoth rua Mhárta
is a cheapas go raibh an t-aer
's an talamh ar tí titim ar a chéile.

Ar mo shlí
ó thrá na Muirí ar maidin
dírithe ar an gCnoc a dhreapadh
taibhsíodh dom
fíor an Chnoic ina chósta sínte
is an spéir os a chionn
iompaithe ina farraige shuaite.

Díomá dom an fána ansan
im choinne
ach dhreapas i dtreo an aigéin.
Níorbh iontas é d'éinne eile
go gcuaigh an imlíne ar éadlús
romham, ráthaíocht
mo bhrionglóidí ann.

Gan dabht, nuair a bhaineas amach
mo cheann scríbe, bhí
barra an chnoic
ina bharra an chnoic

# Shapeshifting Mountain

Often and often again
I was struck by the sky
changing and exchanging light
and colour with the sea.

Often and often again
I felt a reverberation of thunder
or the squall of a snowstorm
on the blast of a March wind
and I thought that the air
might implode with the earth.

On my journey
from Muiríoch beach this morning
intent on climbing the mountain
the way it appeared to me
was the mountain stretching as coastline
and the sky above it
reframed as an agitated sea.

I dreaded it then, the slope
I was facing
but I climbed towards the ocean.
Nobody should be surprised
that my parameters dissolved
right before me, the certainty
of my dream with them.

Of course, when I arrived at
my destination
the hilltop was
the top of the hill

an spéir ina spéir, an sáile thíos
i mBá Bhréanainn
mar a bhíodh riamh.

D'éiríos amhrasach
ná raibh bob éigin diamhair
tar éis bheith buailte orm
is babhtáil shlim shleamhain ar bun
i gcónaí idir an t-uisce is an spéir
os comhair mo dhá shúl amach.

the sky the sky, the water
down in Brandon Bay
as salty as always.

But suspicion sneaked in
that some hoax beyond belief
had been played on me
and that a sly slippery interchange
was ongoing yet between water and air
right before my eyes.

# An Dreapadh

Suas is síos cuma cén síon
d'fhonn gus na ngéag
a fhíorú gach lá,
d'fhonn fuinneamh nua
a mheilt as an gcríon.

Dála ise mo choimeádaí
glacann pian mé i mbís
is fulaingím í. Cá bhfios dom
mo chosa a bheith fós fúm
gan ghreamanna a bheith iontu?

Dreapaim in ainneoin an tinnis
go spíonann an sliabh mé
amach as na pianta
is caolaím isteach
i mbruadar na gluaiseachta.

An sliabh a mhúnlaíonn mé
a ruaigeann righneas ó mo chroí.
Ríonn sé mo cholainn i mbogha
a scaoileann arraingeacha
ina stua saighead tríd an aer amach.

Díograis im chosa
greamaíonn rithim ar m'uchta
cothromaíocht a bhuaileann im anáil
mar roth dom thiomáint
céim mhall ar chéim mhall

# The Climb

Ascending, descending in all weathers
each day to validate
each limb's vitality,
grinding renewed
energy from the old.

As if it were my keeper
pain clamps me in a grip
I must bear. How can I know
my legs still support me
unless I feel the strain?

I climb in spite of pain
until the mountain teases me
out of the aching
and I edge myself
into the dreamworld of movement.

It is the mountain shapes me
banishes my heart's rigidity.
It stretches my body into a bow
that releases spasms
of arrows arching out through the air.

My steps determined
a rhythm overtakes my body
a balance enters my breathing
like a wheel propelling me
step by slow step

ó imlíne chomhairde go himlíne eile.
Ar chosán, as cosán
slí a leathnaíonn romham
is a chúngaíonn fúm
ach mé síordhírithe ar mo chuspóir

an spéir a eispéiriú
ina hiomlán umam ó gach ceathrú.
Ligim di titim
gléghorm maighdeanúil
nó ina dathbhainne-bháistí

anuas ósna firmimintí
ina fallaing éadrom
thar mo ghuaillí
is ar feadh aga ardaím ón lár.

Faoiseamh faoileanda
sa scaoileadh faoin gcúrsa síos
friotáil bheoga tríom
mo throithe in iomaíocht lena chéile.
Síos síos go searrachúil go nochtann

gág i mo thámhspás. Gan trian
den séad abhaile curtha díom
cnagann fiacla na ndaitheacha
ar mo lúdracha is oighreann
siosúr na fírinne ar mo chroí.

from contour to contour.
On or off any path
the way opens before me
and narrows below me
my goal my only focus

to feel the sky
enrobe me from all sides.
I let it fall
bright-blue virginal
or milkily raining

down from the heights
in a silky cloak
around my shoulders
and, briefly, I am raised.

There is soaring relief
in beginning the way down
liveliness flitting through me
feet competing one with the other.
Down down like a colt until a rip

tears open my dreamspace. With just
a third of the journey home done
the fangs of arthritis gnaw
at my joints and the shears
of truth close coldly on my heart.

# Ullmhaigh don Iomramh

Faireann an manach
Mar a thonnann an bhóchna
A moing is a triopall
Suas san aer.

Fonn air le déanaí
É féin a lonnú anso
Faoi anáil an chnoic
As a díbríodh an Daghdha.

Ach cad 'tá san aigéan
A bhogann é arís?
Seanghalar an tsáile
A líonann a chroí.


AN CHOMHAIRLE

Cruinnigh chugat saithe manach.    Fostaigh an saor
Roghnaigh    an té is seiftithe    fág an díghe i do dhiaidh.
Teir go Doire na Muice    coirtigh dhá scór crann ann.
Múnlaigh gunail    is maidí rámha boschaola    as na homhna

Darach.    Téir go Cuan an Daimh Deirg    is iarr
Craicinn daimhe ann.    Dein margadh    ar cheithre scór
Seithe.    Báigh iad    i gcumasc aoil is smúsaigh
Brúite ó bheart    néalfhartaí sléibhe.    Fág trí oíche iad

Ar bogadh    is scrios fuíoll na nguairí uathu.    Oibrigh
An lann    ó mhuineál go heireaball    is thar n-ais.
Cuir ar maos    in urbhruith snamha iad    ar feadh ráithe.
Leag anuas    ar a chéile iad    screamh ime na hurbhruithe

# Preparing for the Voyage

The monk keeps vigil
Where the ocean swells
Its crested mane
Trailing the sky.

Lately he feels moved
To locate himself here
In the presence of the mountain
The Daghda was banished from.

But what in the sea
Unsettles him once more?
An old briny unease
Infuses his heart.


COUNSEL

Assemble a community of monks.      Employ the boatbuilder.
Choose      the craftiest      leave behind the careless.
Go to The Grove of Pigs      and strip the bark of two score trees.
Shape a gunwale      and narrow-bladed oars      from oaken

Trunks.      Go to The Harbour of the Red Stag      and request
The hides of stags.      Make a bargain      for four score
Skins.      Immerse them      in a mix of lime and pulp
Pressed from packed      mountain tormentil.   Leave them three nights

Softening      then remove the remaining bristle.      Work
The blade      from neck to tail      and back again.
Soak them      in a brew of bark      for a season.
Lay them down      on one another      the scum of the brew

Idir na sraitheanna.    Fill i ndiaidh ráithe eile    is bog do líon
Sa chumasc céanna d'aol    is de luibheanna    go gceapfá
do shnáith as    is téada riachtanacha.    Aimsigh
Fiodh cnámhbhán    cruaidh    a thuill urraim na ndraoithe

Crainn chaorthainn    chomh hard    is a thagann siad
Chomh díreach is atá ar fáil.    Gearr do lataí    ón bhforimeall
Is cruthaigh creat    bun os toll    ar bhéal darach do chaisc.
Ceangail gach alt    le hiallacha leathair    bogaithe

Ag an sáile.    Téigh    do shal chaorach i gcoire    gan ligint
Don mboladh lofa    tú a chur ar strae.    Oibrigh an smearadh
Isteach ar gach craiceann    ar chreatlach do bháid
Ar an gcrann seoil    is ar na maidí rámha.    Sparáil blúire

D'fhonn    canbhás an tseoil chearnógaigh    a dheasú.
Fan ráithe eile.    Is na seithí súdaraithe    smeartha
Mínithe agat    fuaigh le chéile iad    le líon ón ngort
Is ceangail iad    ar do chreat cliathraigh.    Cas béal d'árthaigh

Chun na spéartha.    Daingnigh do chrann ina log.    Socraigh
An seol ar mhaidí caola    is croch rolláilte    in airde é.
Feistigh na maidí rámha    ina locanna.    Tionóil
Do thoscar muirí.    Ardaigh ina dteannta    an ollnaomhóg.

Leag í go cáiréiseach    ar an dtonn    ullamh dod aistear.
Fair spéir na hoíche    sa bhfómhar    go gcífear
An Tréidín ag éirí    is coimeád súil chuige.    Tóg do mharc ón
Réalt Thuaidh    is ainligh amach    ar d'iomramh

Gan aon dearmad    ar an ngleann a dh'fhágais
Dá shuairce iad    Gairdíní Parthais.


*i.m.  Domhnall Mac Síthigh*

58

Between layers.    Return after another season    and soften your yarn
In the same mixture of lime       and of plants       until you get
Your thread from it       and essential ropes.    Find
A bone-white wood       bone-hard       revered by druids

Rowan trees       as high       as can be found
As straight as they come.    Slice your laths       from the perimeter
And create a framework   upside down   on the oak opening of your shape.
Secure every joint       with leather thongs       softened

In brine.    Heat your wool-grease in a cauldron       not allowing
The foul smell       to send you off course.       Work the smearing
Into every hide       on the framework of your boat.
Into the mast       and into the oars.    Put some of it

Expressly aside       to give a finish       to the fabric of the square sail.
Wait another season.       When your skins are tanned       smeared
And smoothed       sew them together       with flax from the field
And tie them   on your latticed frame.  Turn the opening of your vessel

Towards the heavens.    Secure your mast in its holdfast.       Arrange
Your sail on narrow rods       and hang it       aloft and rolled.
Fix the oars       in their rowlocks.    Call together
Your retinue of mariners.    In unison lift up       the huge *naomhóg*.

Lay it with care       on the water       ready for your journey.
Observe the night sky       at harvest-time       until you see
The Pleiades appear       and hold them in sight.    Take your mark
From the North Star       and guide your bow out       on your voyage

Never forgetting       the valley you have left
However joyful       the Gardens of Paradise.


*i.m. Danny Sheehy*

# Tréigint

Tréigeann sibh mé. Tréigeann
sibh mé i ndeireadh an lae.
Mise máthair is athair daoibh
a sholáthraíonn cíoch is a shileann
bainne chomh milis le mil
ó mo thobar folláin síos mo shleasa
chugaibh. Mise a leathnaíonn tailte
faoi bhur gcosa, talamh oilithreachta
iomairí, eitrí, portach is lanntáin;
cré na laochra is na naomh
crochta ar bhruach na firmiminte.
Mise a chothaíonn bhur gcaoirigh
is bhur stoc ar féarach méith
ar luachair is ar bhláthanna léana.
Mise a riarann clocha bhur dtithe oraibh
is a tharraingíonn sibh go dtí mo bharra glé
d'fhonn beannacht tuismitheora a bhronnadh
oraibh sara dtéann sibh ag taisteal.
Tréigeann sibh mé. Tréigeann.

# Abandoning

You all abandon me. All
abandon me in the end.
I who am mother and father
who provide a breast and who
spill honey-sweet milk
from healing wells down my flanks
to you. I who lay down land
beneath your feet, sacred land
ridges, furrows, bog and grassy patches
the earth of heroes and of saints
elevated to the firmament's edge.
I who nurture your sheep
and your cattle on fertile grassland
on rushes and on meadow flowers.
I who source the stone for your houses
and who draw all of you up
to my shining summit to bestow
on you a parental blessing
before you go, before you go.
You all abandon me. All abandon me.

# Taisí

In airde, i scórnach ghlas
i gcéislíní an chnoic
dreapaim ar nós damhán alla
go dtagaim ar scoilt, uaimhín.

Sáim mo cheann isteach:
taisíocht, caonach
boladh lofa-mhilis.

Bhíos anso cheana
gach fearsaid díom
caol fada órbhuí
luisne na hóige orm.

Cromaim isteach sa scairt.
Aimsím an mionchúil
taobh thiar de chlochdhoras
crochta ann fadó.

Leoithne tríd an uaimh
bogaim an dingchloch
is láimhseálaim cochall meannleathair
fillte thar chnámha is craiceann.

Ar bhos mo láimhe clé
m'iníon – anáil aon lae
diúltaithe di ag na déithe.
Mearbhall ar mo chroí

am na caillúna úd, uair
a shíneas géag éagmaiseach
síos faill is thána ar ubh
a sciobas ó nead.

# Remains

High up, deep in the green
throat of the hill
I angle spiderlike until I find
the opening, the tiny cave.

I put my head inside:
dankness, moss
sweet-smelling decay.

I was here before,
my long
bronzed, slender limbs
glowing with youth.

I bend low into the fissure.
I find the small niche
behind a stone door
fixed there years ago.

A breeze enters the cave.
I move the wedge-stone
and lift a soft leather mantle
enclosing bone and skin.

On the palm of my left hand
is my daughter – even a day's breath
denied her by the gods.
My heart astray

at the time of that loss,
I stretched a yearning limb
down a cliff and found an egg
I stole from the nest.

Is mar san a fuaireas
m'iníon tacair a chaitheann a saol
im theannta gan eitilt
tochas aici de shíor ina guaillí.

Uaigneas orm go fóill, athshínim
mo lámh fhada síos an fhaill
go leagaim taisí an té a d'eitil
ar an seana-nead folamh.

And so I came across
my foundling daughter who lives
flightless with me
her shoulders eternally restless.

Still forlorn, once more I stretch
my long arm down the cliff
and lay the remains of the one who flew
in the old, empty nest.

# Seas Siar

Lámha san aer     is seas siar
Ón mactíre     a mharaigh tú
Ón madra rua     a lámhach tú

Ón ngráinneog     a leag tú led luas
Ón gcoinín     a nimhnigh tú
Ón ngiorria     a ghabh tú i ngaiste.

Céimnigh siar     ón ngunna,
Ón bhfiailnimh     a leag tú ar an ngort
Ón sreang dhealgach     a chrochais in airde.

Fan fanta siar     go n-athainmhífear tú
Go n-athphlandófar tú
Go dtalamhófar     is go spéireofar tú

Go n-abhannófar     lochófar     is farraigeofar tú
Seas siar go dtí     go n-ionchollófar tú
Líonrith is siansa na mbeach     lá samhraidh.

# Stand Back

Hands in the air     and stand back
From the wolf     you killed
From the fox     you shot

From the hedgehog     you flattened with speed
From the rabbit     you poisoned
From the hare     snared

Take a step back     from the gun
From the weedkiller     you spread on the field
From the barbed wire     you erected

Stay stepped back     until you are animal again
Until you are plant again
Until you are earth     and are sky

Until you are river     are lake     are sea
Stand back until     there is incarnate in you
The full and humming tide of bees     in midsummer.

# Sruthán

Spalptha
cloisim cuireadh
i nglugar coipthe
foinse folaithe
i bhféar fada
nathair bheo ina sníomh
trí phortach
thar is timpeall na mbollán
d'fhonn a cibeal
a thabhairt slán
faoin dtalamh.

*Fuar fuar…*
a ghearánann sí
a gluaiseacht réidh
gan fiú súilín a shéid
i ndorchacht an pholláin
go mbrúchtann sí
i rince cuilithíní geala
amach faoi aer síoda
thar adhairt dhonn
froganna ann dá fáiltiú.

Áit a athnochtann an dobhairín
íslím ar mo chorragiob.
Cuaraim bos, fliuchaim lámh.
Póg is scíobas.
Drithlíní,
na braonacha ionam ligthe
éadlúth.

# Stream

Parched
I hear an invitation
in the lively gurgle
the secret source
in long grass
a serpentine flow
through boggy ground
in and around the boulders
keeping the whole hubbub
safe and sheltered
underground.

*Cold cold …*
she complains
her movement smooth
without even a bubble bursting
the darkness of the pool
until she wells up
dancing in bright ripples
and out into the silken air
over a peat-brown cushion
frogs waiting in welcome.

Where the water resurfaces
I hunker down.
I cup a palm, immerse a hand.
A kiss and a sip.
A gleam of water beads,
the drops within me
growing weightless.

# III

*Bláthaíonn Briathra*

# III

*A Ripening of Words*

## An Dreoilín

Is tusa a thugann sciatháin dom chroí
nuair a chímse ag eitilt tú.
Ansan bailíonn tú leat
blúirín díom ar do ghob agat.

# Wren

You're the one that fledges my heart
when I glimpse you on the wing.
Then away with you
a small scrap of me in your beak.

# Cnó

Ní mór don gcnó
a mháthairmhogall
a scoilt, a loit

is a thréigint
d'fhonn greim préimhe
a fháilt sa chré.

# Nut

A nut must sunder
its mother-shell,
rend it to pieces

and abandon it
to gain for its own roots
a holdfast in the earth.

# Bláthú

Maidin cois locha i ngairdín m'aintín
taibhsíonn maighdean mhodhúil dom

seasta i measc na gcrann
gléasta i ngúna cródhearg.

I dtosach ceapaim gur dealbh í
ach fad a stánaim uirthi

ritheann miongháire meallacach
trasna a beol súmhar.

Ag iompú a cinn uaim go támáilte
íslíonn sí a fabhraí i dtreo na talún.

Chím a cíoch chlé
ag sileadh ina clogbhláth méith corcra,

beach bhíogach ann ag diúgadh faireog meala.
Súile dúnta le pléisiúr

ardaíonn an bhruinneall a ceann.
Osclaíonn a tarna cíoch ina bláth

a sheasann go bródúil ina thrumpa óir.
Líonann mo chroí le banúlacht.

Éistím le crónán na mbeach.
Ullamh le bláthú, fearaim fáilte.

# Flowering

One morning in my aunt's lakeside garden
a fair and tender maiden reveals

herself standing among the trees
robed in a blood-red gown.

At first sight she is like a statue
but as my eyes are drawn to her

a bewitching smile stretches itself
the moist width of her mouth.

Turning her head languorously away
she lowers her eyes to the ground.

I can see her left breast
flow rich as a purple flower-bell,

a lively bee draining the sweet pistil.
Eyes closed tight with pleasure

she lifts up her beautiful head.
The other breast fanfares itself open

as proudly as a golden trumpet.
My heart swells with womanhood.

I am in tune with the drone of the bees.
Eager to flower, I open in welcome.

## Bábóg Rúiseach

Bain díom mo cheann
is rolfad ar an úrlár é:
    Rólaí pólaí, rólaí pólaí, stop –
    mo shúil ag stánadh aníos ort.
    Fág béalscaoilte ann mé.
    Líon an babhla,
    ól mo shláinte.

Bain díom mo cheann.
Féach ionam,
    bean óg ina seasamh
    im bholg, im bhróga, im lár.
    Ardaigh amach asam í.
    Fág folamh mé im phota
    síolta ag síolrú.

Bain díom mo cheann.
Féach ionam,
    maighdean shocair
    im bholg, im bhróga, im lár.
    Ardaigh amach asam í.
    Fág ubh sa tsliogán.
    Suígh ina teannta.

Bain díom mo cheann.
Féach ionam,
    gearrchaile scoile
    a mhoillíonn go sona sásta
    im bholg, im bhróga, im lár.
    Ardaigh san aer í go sioscach
    is lig di spraoi le cupa a todhchaí.

# Russian Doll

Take off my head
and I will roll it along the floor:
    *Roly-poly, roly-poly, stop* —
    my eye staring up at you.
    Leave me there, open-mouthed.
    Fill the bowl
    drink my health.

Take off my head.
Look inside me,
    a young woman standing
    in my belly, in my shoes, deep inside me.
    Lift her out of me.
    Leave me like an emptied pot
    seeds sprouting.

Take off my head.
Look inside me,
    a serene virgin
    in my belly, in my shoes, deep inside me.
    Lift her out of me.
    Leave an egg in the shell.
    Stay beside it.

Take off my head.
Look inside me,
    a schoolgirl
    who hangs happily back
    in my belly, in my shoes, deep inside me.
    Lift her up, chattering,
    and let her play with the cup of her future.

Bain díom mo cheann.
Féach ionam,
   seasann lapadán
   im bhróga gan choiscéim.
   Ardaigh í is cuimil a com,
   siosma greannta ann,
   saol eile síolraithe inti.

Bain díom mo cheann.
Féach ionam,
   éist le ceol is olagón na bunóice
   im bholg, im bhróga, im lár.
   Ardaigh id bhaclainn í.
   Póg í. Cuir síos í
   thar n-ais i nead an gháire.

   Clúdaigh í. Clúdaigh mé.
   Cóirigh orm mo chraiceann claiseach.
   Cóirigh orm mo chultacha uile.
   Lig dom tostadh im chochall
   ullamh don chlaochlú.

Take off my head.
Look inside me,
    a toddler stands
    motionless in my shoes.
    Lift her and stroke her waist,
    struggle is there engraved,
    another world seeded in her.

Take off my head.
Look inside me,
    hear the infant singing and wailing
    in my belly, in my shoes, deep inside me.
    Take her in your arms.
    Kiss her. Lay her down
    once more in the nest of love.

    Cover her. Cover me.
    Array me in my furrowed skin.
    Array me in all of my outfits.
    Let me grow silent in my hooded cloak
    prepared for the transformation.

# An Leanbh faoi do Leaba

Cé hé an leanbh faoi do leaba?
Shnámh a lapa amach inné
ag tarraingt ar mo sciorta.
Aréir chonac mogaill a shúl

ag gliúcaíocht orm,
a bheola ramhra craoraca ina mbreill
is a theanga ataithe sáite tríothu.
Chuala friotal a bhéil ar maidin
is faighim boladh bréan a chlúidín anois.

An é do leanbhsa é?
Nó an é mo leanbhsa,
a sciob lámh fhada
fhia-chailleach Bull Bhalbhae
nuair a shín sí a lámh
anuas tríd an simné?

An leanbh suirí
nó leanbh leasa é?
An leanbh do bhrionglóide é
nó leanbh mo bhrionglóidse?

Is cuma sa diabhal.
Cuir bríste air is léine,
nó gúna is ribíní.
Cuirfimid sa phram é
go rianóimid ár slí
amach sa saol le chéile.
Léireoimid na hiontaisí dó.

# The Child beneath your Bed

Who's that child beneath your bed?
Yesterday his hand crept out
to grab hold of my skirt.
Last night I saw his big eyes

peering at me,
his thick blood-red lips sulking
and his swollen tongue stuck out through them.
This morning I heard him chattering
and now I get the stink of his nappy.

Is he your child?
Or is he my child
snatched by the long hand
of Bull Balbhae's wild earthwoman
when she stretched that hand
down the length of the chimney?

Is he a love child
or a changeling child?
The child of your dreams
or the child of mine?

It doesn't matter a fiddler's.
Dress him in pants and a shirt,
or a dress and ribbons.
We'll put him in the pram
and make our way
out into the world together.
We will delight him with its wonders.

# An Pram

An cuimhin leat i mbolg na hoíche
gur thángamar ar phram
bán, díomhaoin, ar thaobh an ché?
Pram ramhar cuartha den seandéanamh
is spócaí fé.
Le pocléim bhíos sínte ann
mo ghéaga sleabhctha crochta
ar gach taobh díom.

Go soibealta tríd an gcathair thréigthe
do sheolamar,
ar shealaíocht ag taisteal ann,
ag uainíocht ar stiúir ár n-árthaigh nua,
an ghealach ag ársú.

Thugamar geábh abhaile leis
ach bhí cleas nó geasa air
nuair a cuireadh ár lóistéir
sa seomra cúng;
ó shin i leith
ní bhfuaireamar suaimhneas.

Bhíodh gol linbh trí fhallaí an tí
gur thuigeamar nach féidir le haon ní
codladh gan chothú.
Thriaileamar gach seift
d'fhonn an folús luascach a líonadh –

Amuigh faoin aer, a shocraíomar,
sa chlós is fearr a bheadh.
Líonamar síolta faoin mblaincéad
is chuireamar ann é, an pram.

# Pram

Do you remember in the dead of night
how we came upon the white
empty pram at the edge of the quay?
A sturdy, old-fashioned pram with curves
and spoked wheels.
One jump and I was stretched in it
arms and legs dangling
every which way.

Saucily through the empty streets
we sailed,
taking turns to travel in it,
spelling one another to steer our new vessel,
as the moon followed its course.

We moored it at home
but there was a curse or a jinx
when we berthed the lodger
in the boxroom;
ever since
we had no ease.

A child's crying would come through the walls
until we understood that nothing at all
can sleep without sustenance.
We tried every sort of a plan
in the hope of filling the rocking emptiness –

The fresh air of the yard
would be best, we decided.
We stuffed seeds under the blanket
and placed it there, the pram.

Plandaí nó féar?
Sinn ag fanacht,
ag faire go foighneach,
gan scíth – go dtí
gur theip orthu,
diaidh ar ndiaidh, iad go léir.

In ísle brí a d'fhilleamar ar an gcé
chuig trádálaí darbh ainm Anastasia,
ár n-árthach os ár gcomhair
agus glór an linbh múchta.
Fadhb ar bith ní raibh aici
á líonadh
le húlla ramhra
a cheannaíomar go cíocrach,
gan ghíocs le clos arís
as an seanphram cuartha sí.

Would seedlings or grass sprout?
We waited,
watching patiently,
tirelessly – until
they failed,
in turn, every last one.

At a low ebb we revisited the quay
and a hawker named Anastasia,
wheeling our vessel before us
with the child's cries stilled.
She had no problem
filling it
with enormous apples
that we bought greedily,
with never another sound heard
from the otherworldly, curvy old pram.

# Rún Beag Eadrainn

Rún beag eadrainn.
An gceapann tú?

Gearr mo theanga.
Ná lig di bláth a chur amach.

Líon mo bhéal le dris
Is bead ciúin.

Cuir sa chré mé.
Clúdaigh le brat dubh mé.

Anuas ar sin
Leag leac mhór.

Bead ciúin ansin
Go dtí go bpléascann an dúlra tríom,

Go dtí go bpéacaim arís
Aníos as an gcré

Ag roinnt do rúin
Ar an saol mór.

# Our Little Secret

Our little secret.
Do you think so?

Sever my tongue.
Do not let it flower.

Fill my mouth with briars
And I will be silent.

Lay me in the clay.
Cover me with a black sheet.

On top of that
Lay a great slab.

I will be silent then
Until nature bursts through me,

And I again send shoots
Up from the clay

Proclaiming your secret
To the wide earth.

# Saol Craptha

Theastaigh uait
go mbeinn balbh.
Chuireas glas ar mo bhéal.

Theastaigh uait
go mbeinn bodhar.
Dhúnas mo chluasa.

Theastaigh uait
go mbeinn caoch.
Dhallas mo shúile.

Theastaigh uait
go mbeinn socair.
Shuíos ar an stól

gan bhogadh
gan bhogadh
gan bhogadh.

# Clamped

Your wish was
that I be silent.
I fastened my lips.

Your wish was
that I be deaf.
I closed off my ears.

Your wish was
that I be sightless.
I blindfolded my eyes.

Your wish was
that I be still.
I sat on the stool

without moving
without moving
without moving.

# Tite ó Neamh

Thit eala ón spéir aréir
mé sa ghairdín.
Chím fós
os mo chomhair amach í
ag iompú ina gearrchaile
ag strácáil le sciathán briste.

An aingeal atá chugam?
Tite ó neamh oíche ghaoithe,
bailím chugam í,
an créatúirín.

An é Lear do Dhaid?
An bhfuileann tú chun meath
nó leá?

Iompaíonn sí im bhaclainn
agus is geall le leanbh
nua shaolaithe í.

Féachaim anuas.
Ambaiste, níl a dealramh ann
ach mo lámha
faoim bholg trom.
Mo dhá shúil ag faire air
imíonn mo thoradh i léig.

Anocht leanann mo shúile
eala ag eitilt thar bráid,
an dorchadas ag titim.

# Fallen from Heaven

A swan fell to earth last night
while I was in the garden.
I can still see her
before my very eyes
taking the shape of a girl
struggling with a broken wing.

Is it an angel has come to me?
Fallen from heaven on a windy night,
I gather her to me,
the *créatúirín*.

Are you a daughter of Lir?
Are you going to shrink
or disintegrate?

She stirs in my embrace
for all the world an infant,
newly born.

I look down.
God's truth there's no trace of her
just my hands
under my swollen belly.
As I watch
my fruitfulness fades to nothing.

Tonight my eyes track
a swan passing overhead
as darkness falls.

# Ag Fágaint Slán

Cumha
ag creimeadh mo shúl

Lapaí
in ionad lámh agam

Fad a líonaim
do bháidín cúng bán

Ag leagadh seó dearg
d'óige ann,

An bheirt againn
fágtha

Lasta i luisne a chéile
i ngrianghraf.

Do dhomhansa
dúnta ormsa

Gan fuinneog
chun gliúcaíocht tríthi,

Do bháidín bán tláith
scaoilte ar fharraige shuaite.

# Saying Goodbye

Grief
corrodes my eyes

I have paws
in place of hands

As I load up
your small white boat

Filling it with the vivid
array of your childhood

The two of us
now left

Glowing in one another's
photographed company

Your world
closed to me

Without a window
to peer through

Your frail white boat
adrift on heaving seas.

# IV

*Teip an Ghutha*

# IV

*Fading Voice*

# An Chros

Dhá stiall den bhfírinne
Nach réitíonn lena chéile
Sin é mo chros.

# Cross

Two strokes of the truth
Eternally at odds
Make up my cross.

# Scaradh

*do Máirín Feirtéar*


Snámhann
cuimhne ár laethanta

i gcomhchantain
i gcomhluadar

i gcomhcheangal a chéile
go cuilitheach anois

ar an abhainn,
amhail duilleoga feoite

ag imeacht róthapaidh
i dtranglam an tsaoil.

# Parting

*for Máirín Feirtéar*

Days remembered
drift through

come-all-ye singing
at a gathering

a common thread
eddying now

along the river
like withered leaves

whirling too quickly
into the world's vortex.

# Stór Smidiríní

*dom mháthair*


Ag leanúint phátrúin
lorg na gcos
feacaim glúin,
piocaim smut gloine,
séad fine, ón tráigh.

Blúire briste
le m'shúil –
trína siúlann
treibh mo shinsear
i gcuarlíne chugam
ar cuairt
i dteannta do scátha.

A Mháthair,
a shnigh le chéile
talamh  is neamh dom,
cromaim síos go humhal
faoi do ghuth taibhsiúil –
'bhfuil an giota seo uaitse?

Le lámha nach leatsa
bronnann tú
do chnámha orm,
grástúil iad is sciúrtha
ag taoide an lae.

Leathann tú brat talaimh
os mo chomhair,
brat do stóir smidiríní.

# A Store of Smithereens

*for my mother*

Following the pattern
of footprints
I genuflect,
gather a piece of glass,
an heirloom, from the beach.

A fragment
held to my eye –
and through it
my forebears walk
towards me in a curved line
making a visit
in company with your shade.

Mother,
who wove earth
and sea together for me,
I make obeisance
towards your ghostly voice –
will you accept this piece?

With a hand not yours
you tender me
your bones;
they are graceful, scoured
by the day's tide.

You lay a groundsheet
before me,
your store of smithereens.

Ar thoil do ghutha ghlé
bailím iad –

seoda *chainey,*
píosaí de shoithí cré
is mír ghloine ghlas
snasta, gan faobhar,
ag síortheacht
is imeacht na ré.

Scaoilim mo chnuasach uaim
ar chiumhais na mara –
níl in aon ní ach tráth.

Moillím go ciúin
ar rian na gcos,
feacaim glúin
i do scáil.

Guided by your clear voice
I gather them –

a treasury of *chaineys*,
bits of clay jars
and a fragment of sea-polished emerald
glass, edgeless
in the moon's endless
comings and goings.

I let go of my collection
at the tideline –
to everything there is a season.

I pause silently
at the footprints,
genuflecting
in your wake.

# An Teorainn Bheo

Tá na taibhsí ag bogadh
ag trasnú na trá,
tá na fallaí ag titim,
tearmann i mbaol,
ar an dTeampall Bán.

D'éirís suaite, a Mhuir,
na Gaill ar do ghualainn,
uaill na Caithne
ag glaoch i do chuasa.
Trúpaí na Banríona ar do chiumhais,
ceannairí dícheannaithe acu,
fearaibh maraithe
caite anuas ort ina gcéadta,
leanaí leo agus mnáibh.

D'éirís suaite, a Mhuir,
do bhéile i do bholg,
is tháinig do thonnta bána
ag briseadh ar thalamh bheannaithe.
Cuireadh do chnuasach
faoi ghaineamh gan ghrinneall
sna dumhcha doimhne
baistithe ag ceol na bpaidreacha.

D'éirís suaite, a Mhuir,
is d'fhonn féin fáiscthe
fós san urnaí,
rithim na dtonnta le clos
ag guí ort aiséirí.

# Liminality

The ghosts are in procession
across the strand,
walls are crumbling,
a sanctuary in danger
on Teampall Bán beach.

Ocean Mother, you grew agitated,
the invader rolling in on your shoulder,
the wailing of Ard na Caithne
reverberating in your coves.
The Queen's soldiers at your edge
dragging beheaded captains,
massacred men flung
down on you in hundreds,
and women, and children.

Ocean Mother, you grew agitated,
your belly brimming over,
your white waves
breaking on the blessed ground.
Your gatherings were interred
in bottomless sand
deep in the dunes
baptised as if by psalmody.

Ocean Mother, you grew agitated,
your melody entwined
still in the prayer,
rhythmic undulations heard
imploring your resurrection.

Leon mór ocrach tú anois,
do thaoide chíocrach
ag ithe as croí Chúl Dorcha –
an teampall neamhbhuan ar fán.

Tá na taibhsí ag bogadh
ag trasnú na trá,
tearmann bánaithe
ag tiontú na bóchna
ar an dteorainn bheo.

Now you are a hungry lion,
your voracious tide
eating the heart of Cúl Dorcha –
its temple eternally ruinous.

The ghosts are in procession
across the strand,
a sanctuary razed
at the tide turning
over a shifting boundary.

## Míolta Móra Dhoire Fhionáin

Siúlaim cois trá
ag feadaíl.
Ní thagann aon fhreagra.
Baintear geit asam
ag casadh sa trá
nuair a chím iad

ina luí ar an ngaineamh,
an taoide ag cúlú
ó choirp gan ámhrán.
Fágtha ina gcarraigeacha fuara,
tá na míolta móra ina síorthost.

Cuimlím iad.
Silim deora orthu.
Canaim dóibh.
Ach ní bhogann siad.
Cé aici a bhfuil an chumhacht
na míolta móra so
a sheoladh chun na mara aríst?

# The Great Whales of Derrynane

I am walking along the beach
whistling.
There is no response.
I'm startled then,
where the beach
curves, to see them

stretched on the sand,
the tide retreating
from the huge, songless shapes.
Petrified, stone cold,
the whales are eternally silent.

I stroke them.
Shed tears on them.
Sing to them.
They do not stir.
Who knows the runes
to bewitch these whales
once more to the sea?

# Medusa sa Chairib

Mo smaointe craptha corntha
cosúil le nathracha im cheann.

Cuimlíonn suaimhneas na mara iad
fad atáim ag snámh ina báinté.

Síneann siad amach iad féin
ag lúbarnáil is ag luascadh sa tsáile

ag súil go dtuigfear iad.
Ligim dóibh imeacht le sruth,

ní bhaineann siad liom
fad atáim ar mo laethanta saoire.

*Cúba, Lá le Pádraig, 2008*

# Medusa in the Caribbean

My coiled thoughts contort
like snakes inside my head.

The sea's calm caresses them
while I swim in its quiescence.

They elongate themselves
twisting and turning in the brine

in the hope of being understood.
I let them drift with the currents.

I am not tied up with them
while here, while not at home.

*Cuba, St. Patrick's Day, 2008*

# Tórramh na bPeidhleacán

*i.m. Claire agus Dave*

Chonac cosa faoin ngrian um thráthnóna
ag tuar na doininne chugainn.
Leáigh sí ina líne bhuí ag bun na spéire.
Druidim i dtreo an dé sholais.

Seasann m'aghaidh dhaonna ina scáth
idir m'anam agus na flaithis,
mé ar crith le sceitimíní is le sceimhle
ar imeall na faille diamhaire seo.

Bainim díom na buataisí
ag laghdú mo cheangail is m'ualaigh,
imtharraingt na cruinne am choimeád anso
in ainneoin cleitearnach na gaoithe im ghúna.

Ach spréann péire peidhleacán a n-eití
ag eitilt uaim síos thar faill. Péire!
Dhá anam. Creideann na Menomini
go maireann i ngach neach daonna

anam céille agus anam croí.
B'é creideamh na nGael fadó
go raibh trí anam ionainn: anam na hanála,
anam na mothála agus anam na síoraíochta.

Más anam é peidhleacán
cad a tharlaíonn nuair a chailltear ceann?
Tá péire le hadhlacadh againn anocht,
dhá anam imithe ar shlí na fírinne.

# The Wake of the Butterflies

*i.m. Claire and Dave*

The sun had legs this evening
foreboding rough weather.
It oozed yellow onto the horizon.
I move towards the last gasp of the light.

My human face a shadow
between heaven and my soul,
I shiver between joy and terror
at the brink of this unearthly cliff.

I take off my boots
ridding myself of links and loads.
Still the world tugs at me
despite the wind rippling my dress.

But a pair of butterflies spread
their wings down the cliff below. A pair!
Two souls. The *Menomini* hold
that in all human beings there lives

the mind-soul and the heart-soul.
The old Gaelic belief
was that we have three souls: the breath-soul,
the feeling-soul and the forever-soul.

If a butterfly is a soul
what happens when a butterfly dies?
Tonight we have a pair for burial,
two souls gone towards enlightenment.

Cuimhním ar Éadaoin ina cló *mariposa*
eisint na háilleachta cruinnithe ar sciatháin.
Má chíonn sibhse í ar bhur slí
abair léi go maireann sí fós i mbéal na nGael.

'Codail anocht i bhur n-aibídí breaca
i bhur gcónraí inár ngairdín.
Tá na sluaite ag triall ar bhur dtórramh.
Is agaibh atá rún na bhfirmimintí.

I recall Éadaoin changed into a butterfly,
the heart of beauty patterned on her wings.
If you two should see her on your journey
say that her story lives on among Gaels.

Sleep tonight in your dappled robes
coffined in our garden.
Crowds move in procession to your wake.
Now you cross into the celestial mystery.

# An Té Sin, M'Athair

*do m'athair*

Im shuí sa chistin
cloisim na coiscéimeanna arís,
is arís déanaim iontas
den bhfear san amuigh
a chnagann a throithe
ar an ngairbhéal.
Fairim é
fad a shiúlann sé
ina chulaith ghlas nua
go dtí an ngeata.

Stadann sé ann ag stánadh
ar an dtalamh, ar an spéir,
is ar an nduine fánach
ag gabháilt thar bráid.
Casann sé i dtreo an tí
toitín idir a mhéaranta,
lámh ina phóca aige.
Nár bhreá liom
a chuimhní ciúine a thuiscint.

Gabhann na troithe greadacha
thart arís go staidéarach mall,
aghaidh agus súil an fhir
ina rún domsa –
glúin scartha ó ghlúin
ag gné dhiamhair ama.
Osclaím an doras leathdhúnta
agus féachaimid ar a chéile,
mise agus eisean,
an té sin, m'athair.

# That Person, My Father

*for my father*

Sitting in the kitchen
I hear the footsteps again,
and again I wonder
at that man outside
whose feet crunch
on the gravel.
I watch him
as he walks
in his new grey suit
to the gate.

He stops there, staring
at the ground, at the sky
and at the odd person
who passes by.
He turns back towards the house,
a cigarette between his fingers,
the other hand in his pocket.
I would love a way
into his quiet memories.

The rhythmic steps pass by
again, slowly, pensively,
the man's eyes and expression
a closed book to me –
generation adrift from generation
by some unfathomable process of time.
I open the door that was ajar
and we look one at the other,
myself, himself,
that person, my father.

# Dordán na Claise

Focail imithe chun síl fadó
tite chun talún,
scuabtha le sruth,
scaipthe le gaoth soir siar.

Ithimid anois roinnt dóibh, beirithe.
Ní bhlaisimid iad.
Cruinníonn cuid eile acu
i ndordán na claise
agus cuimlíonn siad dár gcluasa.

# The Murmur of the Ditch

Words long gone to seed,
fallen to the ground,
carried away by the current,
scattered every which way by the wind.

We eat some of them now, boiled.
We don't taste them.
Others of them congeal
in the murmur of the ditch
and rub themselves against our ears.

# Teanga

Sáim mo theanga amach,
ag cuardach.
Sínim agus lúbaim í,
ag blaiseadh is ag lí focal –
focail mheirgeacha,
focail ghéara,
focail mhilse,
focail ghrá,
slamfhocail
agus focail mór le rá.

De shnap, iaim mo bhéal,
é lán de bhriathra –
ag pléascadh,
ag plabadh,
ag titim thar a chéile,
ag greadadh,
ag preabadh, ag at.

Féachaim lena rá os ard.
Osclaím mo bhéal.
Leathann sé go talamh.
Is mar phíosa páipéir
a luíonn mo theanga
i leaba thais mo chlaib.
Fágtar balbh mé.

Snámhann téarmaí timpeall m'fhiacla
mar ráth éisc.
Seolaim le flaspaíl iad
faoi dhéin lín dofheicthe,
íobairt shollúnta
do dhia an phinn.

# Tongue

I stretch out my tongue
probing.
I stretch and curl it,
tasting and licking words –
rusted words,
sharpened words,
loving words,
swear words
and words known for their importance.

Suddenly I snap shut
a mouthful of verbs –
banging,
slamming,
tumbling over themselves,
thrashing,
lashing, swelling.

I make a shape to say them aloud.
I open my mouth.
It gapes towards the ground.
Like a scrap of paper
my tongue lies
damply in my open gob.
I have no speech.

Expressions float around my teeth
like shoaling fish.
My pursing lips channel them
towards an invisible net,
votive offerings
to a scribal deity.

# Púca gan Dealramh

Tháinig an púca
is líon sé mo chluasa
le scéalta fíora is scéalta sí.
Tháinig an púca
is thachtaigh sé mo scórnach
chun nach mbeinn ábalta
na scéalta a rá le brí.
Scéalta teanntaithe im intinn,
scéalta ag béicigh im cheann,
d'iarras ar an ngaoth
an bac ar mo bhéal a scaoileadh.

Chóch an leoithne
ina hanfa istoíche.
Scaip sí na scéalta
thart ar Chorca Dhuibhne.
Anois tá sé mar gheasa orm
mo shaol a chaitheamh
ag bailiú na bhfocal is na bhfrásaí
ó na sceacha is ón dtráigh,
ag cruinniú na rannta is na mbriathra
ó na daoine is ó na hainmhithe,
ag cnuasach na n-íomhánna chugam
a bhíodh ag imeacht
ó ghlúin go glúin
i liosanna is i ndúnta ár muintire.

Níl aon dealramh le púcaí.

# A Púca that Makes no Sense

The *púca* came and filled
my ears till they flowed over
with stories true and stories fairy.
The *púca* came
and choked off my windpipe
so that I couldn't begin
to tell the stories *con brio*.
Stories trapped in my mind,
stories bellowing in my head,
I implored the wind
to take the clamp from my mouth.

The breeze drummed
itself into a gale that night.
It scattered the stories
all over Corca Dhuibhne.
Now I'm under *geasa*
to spend the rest of my life
picking up every word and phrase
from bushes and beaches,
picking up verses and verbs
from people and from creatures,
hoarding away the images
that used to be currency
from generation to generation
in all our fairy forts and ringforts.

The *púca* is all over the place.

# Gúna mo Mháthar

Fo-amhrán thíos fúm
sa ghorm dhorcha, faoi ghloine
a leánn. Leá a scuabann uainn
na huile nasc idir chuimhne is an saol.

Gúna gormghlas mo mháthar
triailim orm é, é fuaite as snátha uiscí
a dhoirt an domhan isteach sa chuan.
Tá sé uaim ar feadh lae is oíche.

Faoi thionchar na gealaí
imím go glé, mo chosa
ar strae, ar sileadh fúm i muirshiúl
amach thar mo dhoimhneacht féin.

Stoite ón dtír, luím siar
i seoithín seothó na farraige ciúine.
Titeann an spéir isteach im shúile.
Anocht beidh gach réalt ina seod.

Éistím leis an amhrán
na focail aduaine thar mo thuiscint
stractha óna chéile ag na cianta.
Braistint mar cheol ag éirí

ó níos faide siar ná m'fhoinsí
aníos ionam, i nguth séimh.
Céimeanna folamha, ceal brú
i gcoinne mo chos, mé lasmuigh

# My Mother's Dress

There is an undertone of song
in the deep blue, under glass
that dissolves. Dissolves all
the ties of life and memory.

I try on my mother's indigo
dress, woven of water-threads
the world spilled into the harbour.
I need it for a night and a day.

Under the sway of the moon
I process in light, my feet
deviant, high-stepping me
far out beyond my depth.

Uplifted from land, I lie back
in the sea's gentle seoithín seothó.
The sky falls into my eyes.
Tonight every star will be a jewel.

I listen to the song
its words strange beyond understanding,
torn one from the other by time.
An impulse like music rising

from farther back than I know,
rising in me, its voice gentle.
Light steps, free of all pressure
against my legs, me outside

d'am is d'aimsir, b'eo liom trí
mhachairí méithe na mara, uiscí
an amhrais, foraois na feamnaí
áitreabh uisciúil na míolta mincí

na mbradán, na scadán, na bportán,
na deilfeanna ag ráthaíocht i measc
smugairlí rón is anama na marbh.
Sníonn an t-amhrán trí ghairdín an iascaire.

Luascaim mo lámha, d'fhonn uile
nóta a stiúradh suas. Tumaim
i dtreo dhordghuth na doimhne.
go dtí modarthacht is gruaim.

An bhfuil aon leigheas
ar na taomanna uile?
An mbraithfead an baol nuair
a bhuailfidh a speabhraídí í?

Nuair a chuirfidh sí uirthi
a cóta trom dubh? Nuair a
thiocfaidh an t-ollchraos uirthi?
Fanfad go foighneach léi

thíos anso.
Fanfad leis an stróic
leis an súrac, le gluaiseacht
ghiorraisc, fuadar nó fotharaga

is i suasghluaiseacht amháin
bead ar an dtráigh
in uisce éadomhain, gan eireaball,
cead anála fachta.

of time, of seasons, away with me
through rich pastures of the sea,
waters of uncertainty, forests of seaweed,
briny habitations of minke whales,

of salmon, of herring, of crabs,
of dolphins gambolling in the midst
of jellyfish and the souls of the dead.
The song flows through the fisher's garden.

I wave my hands, to guide each and
every last note upwards. I plunge
towards the basso profundo of the deep
towards murkiness, towards gloom.

Is there an antidote
to all of the seizures?
Will I sense the danger when
she is gripped by her madness?

When she decides to don
her heavy black coat? When
the ravening comes over her?
I will endure and soothe her

down in these depths.
I will endure the rending,
endure the swallowing, the twist
and turn, endure tug and tumble

and with one swift upthrust
I will land on the beach
in shallow water, tailless,
knowing I can breathe.